essentials

Essentials liefern aktuelles Wissen in konzentrierter Form. Die Essenz dessen, worauf es als „State-of-the-Art" in der gegenwärtigen Fachdiskussion oder in der Praxis ankommt. Essentials informieren schnell, unkompliziert und verständlich.

- als Einführung in ein aktuelles Thema aus Ihrem Fachgebiet
- als Einstieg in ein für Sie noch unbekanntes Themenfeld
- als Einblick, um zum Thema mitreden zu können.

Die Bücher in elektronischer und gedruckter Form bringen das Expertenwissen von Springer-Fachautoren kompakt zur Darstellung. Sie sind besonders für die Nutzung als eBook auf Tablet-PCs, eBook-Readern und Smartphones geeignet.

Essentials: Wissensbausteine aus Wirtschaft und Gesellschaft, Medizin, Psychologie und Gesundheitsberufen, Technik und Naturwissenschaften. Von renommierten Autoren der Verlagsmarken Springer Gabler, Springer VS, Springer Medizin, Springer Spektrum, Springer Vieweg und Springer Psychologie.

Martina Schäfer

Erfolgsfaktor Corporate Identity

Auf die Außenwirkung der Kanzlei kommt es an

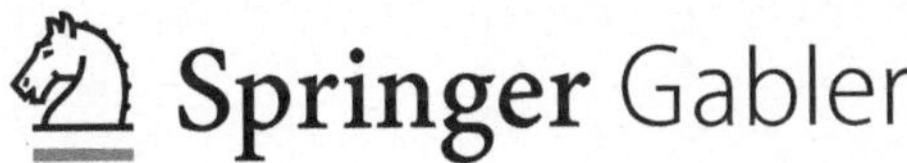

Martina Schäfer
Diplom-Kauffrau
Berlin
Deutschland

ISSN 2197-6708 ISSN 2197-6716 (electronic)
ISBN 978-3-658-07985-7 ISBN 978-3-658-07986-4 (eBook)
DOI 10.1007/978-3-658-07986-4

Die Deutsche Nationalbibliothek verzeichnet diese Publikation in der Deutschen Nationalbibliografie; detaillierte bibliografische Daten sind im Internet über http://dnb.d-nb.de abrufbar.

Springer Gabler

Gedruckt auf säurefreiem und chlorfrei gebleichtem Papier

Springer Gabler ist eine Marke von Springer DE. Springer DE ist Teil der Fachverlagsgruppe Springer Science+Business Media
www.springer-gabler.de

Was Sie in diesem Essential finden können

- Gründe, warum die Corporate Identity einen wichtigen Beitrag zum wirtschaftlichen Erfolg einer Kanzlei leistet
- Elemente, die zu einer starken Corporate Identity gehören
- Image, Unternehmenskultur und Leitbild als Fundament der Corporate Identity
- Leitfragen, nach denen Rechtsanwälte, Steuerberater und Wirtschaftsprüfer ihre stimmige Corporate Identity aufbauen können
- Anregungen zu den umfangreichen Möglichkeiten, die das Corporate Design für eine Kanzlei bereit hält

Vorwort

In der täglichen Arbeit erlebe ich immer wieder, wie viel Potenzial Rechtsanwälte, Steuerberater und Wirtschaftsprüfer in ihrem Marketing noch ungenutzt lassen. Dabei macht der härter werdende Wettbewerb deutlich, wie wichtig Anstrengungen gerade auch in diesem Bereich sind, wenn eine Kanzlei wirtschaftlich erfolgreich werden oder bleiben will. Denn bei über 90.000 Steuerberatern und mehr als 160.000 Rechtsanwälten alleine in Deutschland ist der Kampf um Mandanten und Mitarbeiter längst Alltag geworden. Wirkungsvolles Kanzleimarketing leistet hier einen entscheidenden Beitrag zum Erfolg.

Eine bedeutende Rolle spielen dabei das Image einer Kanzlei und ihre Unternehmenskultur. Ebenfalls große Bedeutung übernimmt das Corporate Design als visuelles Erscheinungsbild der Kanzlei. Alle drei Aspekte sind Teil des ganzheitlichen Konzepts der Corporate Identity. Als Ganzes spiegelt dies die Persönlichkeit einer Kanzlei wider und ist damit ein wesentlicher Erfolgsfaktor, wenn es gilt, Mandanten und Mitarbeiter zu gewinnen und zu binden. Denn gerade bei Dienstleistungen wie der rechtlichen und steuerlichen Beratung geht es darum, Glaubwürdigkeit und Vertrauen auszustrahlen. Und genau dies gelingt über eine starke und stimmige Corporate Identity.

Bei der Entwicklung der Kanzlei-Persönlichkeit handelt es sich jedoch um einen Prozess, der Zeit in Anspruch nimmt und an dem Kanzleiinhaber oder Partner und alle Beschäftigten teilhaben. Denn gerade wenn es um die Kultur in der Kanzlei, die Eigen- und Fremdwahrnehmung sowie das Leitbild geht, formen die Ideale und Werte aller sowie ihre Verhaltensweisen erst die Corporate Identity und bestimmen den einzigartigen Charakter der Kanzlei. Welche Aspekte konkret die Persönlichkeit der Kanzlei ausmachen und wie sich diese entwickeln lässt, vermittelt dieses Essential.

Erfolgsfaktor „Corporate Identity – Auf die Außenwirkung der Kanzlei kommt es an“ ist das zweite Essential in einer vierteiligen Reihe, das Kanzleien hin zu einem erfolgreichen Kanzleimarketing begleitet. Die weiteren Essentials haben die Themen Erfolgsfaktor Alleinstellungsmerkmal, Kanzleikommunikation und Kanzleiorganisation. Mit diesen vier Essentials möchte ich Rechtsanwälte, Steuerberater und Wirtschaftsprüfer dabei unterstützen, in ihrer Außenwirkung stärker zu überzeugen und sich die Akquise von Mandanten und Mitarbeitern sowie deren langfristige Bindung zu erleichtern. Ich würde mich sehr freuen, wenn sie viele nützliche Anregungen für sich finden und diese umsetzen können.

Viel Erfolg dabei wünscht

Martina Schäfer

P.S. Teilen Sie mit mir Ihre Erfahrungen zum Erfolgsfaktor Corporate Identity. Ich freue mich von Ihnen zu lesen: info@finis-kommunikation.de.

P.P.S. In diesem Essential ist der besseren Lesbarkeit halber durchgängig von Rechtsanwälten, Steuerberatern, Wirtschaftsprüfern und Kanzleiinhabern die Rede. Alle Vertreterinnen dieser Berufe bitte ich, beim Lesen in Gedanken ein „in" anzuhängen. Selbstverständlich sind Sie in diesem Essential genauso angesprochen wie Ihre männlichen Pendants.

Inhaltsverzeichnis

Abbildungsverzeichnis

1 Überzeugen mit Corporate Identity – Einführung

Für den ersten Eindruck gibt es keine zweite Chance. Oder auch: Der erste Eindruck zählt. Das ist beim ersten Kontakt mit zunächst fremden Menschen so. Das ist aber genauso, wenn sich Unternehmer oder Privatpersonen einen Rechtsanwalt, Steuerberater oder Wirtschaftsprüfer suchen. Auch dabei spielen äußeres Erscheinungsbild und Auftreten – quasi die Persönlichkeit der Kanzlei – eine wichtige Rolle. Das heißt, sie muss so ausgerichtet sein, dass sie Mandanten auf den ersten Blick überzeugt. Schließlich gilt auch im geschäftlichen Umfeld: Die Chemie zwischen den Partnern muss stimmen. Ohne Sympathie wird kaum jemand einer Kanzlei das Mandat übertragen oder ihr langfristig verbunden bleiben. Denn gerade in einem so sensiblen Bereich wie der rechtlichen und steuerlichen Beratung kommt es auf Vertrauen und Glaubwürdigkeit an. Einen entscheidenden Anteil daran hat – beim Erstkontakt genauso wie im weiteren Verlauf der Mandantenbeziehung – der gepflegte Außenauftritt einer Kanzlei. Und dazu zählt alles, was potenzielle und bestehende Mandanten wahrnehmen: Von der übersichtlichen Website bis hin zum sauberen Kanzleischild, von der freundlichen Stimme am Telefon bis zur fehlerfreien Antwort-Mail.

Wie stark der erste Eindruck über Erfolg oder Misserfolg entscheidet, macht Folgendes deutlich: Innerhalb einer Zehntelsekunde urteilt das Gehirn über einen Unbekannten. Dies lässt sich übertragen auf die Einschätzung, die ein Mandant mit Blick auf eine Kanzlei, den Inhaber und die Mitarbeiter trifft. Studien zufolge ist dieser erste Eindruck meist richtig. Das heißt, das einmal gefällte Urteil muss nur selten korrigiert werden, sondern bestätigt sich stattdessen im weiteren Verlauf des Kontakts. Möglich wird diese blitzschnelle Einschätzung dadurch, dass das Gehirn automatisch alle verfügbaren Informationen verarbeitet. Eine entscheidende Rolle

M. Schäfer, *Erfolgsfaktor Corporate Identity,* essentials,
DOI 10.1007/978-3-658-07986-4_1

übernimmt hier das Unterbewusstsein. Besonders wichtig für die Beurteilung einer Person – und genauso einer Kanzlei – ist dabei ihre Vertrauenswürdigkeit. Daraus folgt: Nur wenn ein Rechtsanwalt, Steuerberater oder Wirtschaftsprüfer und seine Kanzlei als vertrauenswürdig eingestuft werden, wird sich ein neuer Mandant mit seinem Anliegen an sie wenden. Und genau dies entscheidet sich erst einmal über den Außenauftritt.

Zu beachten gilt es dabei: Eine Kanzlei bietet viele Berührungspunkte für den Kontakt – schriftlich, mündlich und persönlich. Welchen Weg sich Mandanten schließlich für die Kontaktaufnahme aussuchen, hängt von den Vorlieben des Einzelnen und oft auch von seiner aktuellen Situation ab. Dies lässt sich weder gezielt planen noch sicher vorhersagen. Für die Kanzlei sollte es daher selbstverständlich sein, über alle Kontaktpunkte ein positives Bild zu hinterlassen. Denn während bestehende Mandanten nach vielen guten Erfahrungen in der Vergangenheit vielleicht einmal einen Ausrutscher beim äußeren Erscheinungsbild oder beim persönlichen oder schriftlichen Kontakt verzeihen mögen, lassen sich neue nur durch einen guten ersten Eindruck gewinnen – und zwar unabhängig davon, über welchen Berührungspunkt sie Kontakt zur Kanzlei suchen. Wichtig ist daher, einen jederzeit überzeugenden Außenauftritt sicherzustellen.

Eine gute Grundlage für ein gewinnendes Auftreten und das überzeugende Erscheinungsbild der Kanzlei liefert eine starke Corporate Identity (CI). Denn diese beschreibt die Persönlichkeit der Kanzlei und hat dabei sowohl den Außenauftritt als auch das Verhalten nach innen im Blick. Auf diese Weise liefert sie einen Rahmen, an dem sich sämtliche Entscheidungen und Handlungen ausrichten lassen. Das heißt, die Corporate Identity sorgt dafür, dass das Handeln der Kanzlei in allen Punkten stimmig und ohne Widersprüche ist. Sie garantiert eine gleichbleibend gute Qualität im Kontakt mit den Mandanten. Sie liefert ein Identifikationsmerkmal für Kanzleiinhaber oder Partner wie auch für die Mitarbeiter. Und sie stellt auch sicher, dass sie sich nicht verzetteln und nur solche Maßnahmen in der Außendarstellung zum Einsatz kommen, die zur Kanzlei passen.

Gerade in einem Umfeld mit einer derart großen Zahl an Wettbewerbern wie bei Rechtsanwälten, Steuerberatern und Wirtschaftsprüfern leistet eine starke Corporate Identity einen bedeutenden Beitrag zum Erfolg einer Kanzlei. Denn mit ihrer ganz eigenen Persönlichkeit wird sie unverwechselbar. Sie grenzt sich von ihren Wettbewerbern ab und zeigt deutlich, für was sie steht. Dabei baut das Konzept der Corporate Identity auf den in einem anderen Essential vorgestellten Erfolgsfaktor Alleinstellungsmerkmal auf. Denn zu den dort erarbeiteten fachlichen Schwerpunkten, dem Service, den besonderen Zielgruppen und den persönlichen Interessen als Identifizierungsmerkmal einer Kanzlei kommen bei der Corporate Identity weitere Aspekte wie die Kanzleikultur, der Außenauftritt und seine Gestaltung sowie die Kommunikation hinzu. Das heißt, der Rechtsanwalt, Steuerberater oder Wirtschaftsprüfer erhält hiermit ein ganzheitliches Konzept, das ihn bei der wirtschaftlichen Entwicklung seiner Kanzlei unterstützt.

Der Begriff „Corporate Identity"

▶ **Definition** Die Summe der Charakteristika eines Unternehmens repräsentiert die Corporate Identity. Das Konzept der CI beruht auf der Annahme, dass Unternehmen als soziale Systeme wie Personen wahrgenommen werden und ähnlich handeln können. Insofern wird dem Unternehmen eine quasi menschliche Persönlichkeit zugesprochen, beziehungsweise es wird als Aufgabe der Unternehmenskommunikation angesehen, dem Unternehmen zu einer solchen Identität zu verhelfen. Die Identität einer Person ergibt sich für den Beobachter normalerweise aus der optischen Erscheinung sowie der Art und Weise zu sprechen und zu handeln. Betrachtet man ein Unternehmen als einen personalen, psychisch reifen Akteur, so lässt sich seine Identität mit einer Strategie konsistenten Handelns, Kommunizierens und visuellen Auftretens vermitteln. Ergeben diese komplementären Teile ein einheitliches Ganzes, entsteht eine stabile Wahrnehmung dieses Akteurs mit einem spezifischen Charakter, die Corporate Identity.

aus Wikipedia: http://de.wikipedia.org/wiki/Corporate_Identity

Was konkret ist aber eigentlich die Corporate Identity? Bei der Corporate Identity handelt es sich um ein ganzheitliches Konzept, an dem sich sowohl die Kommunikation als auch die Führung der Kanzlei ausrichten kann. Dabei wirkt es nach innen und nach außen und ist Teil der Strategie. Hier fließt das unternehmerische Leitbild – die Corporate Philosophy – genauso ein wie die Werte, für die die Kanzlei steht. So repräsentiert die Corporate Identity ihre Persönlichkeit und bestimmt die Positionierung sowie ihre übereinstimmende Wahrnehmung in der Außendarstellung. Nach außen unterstützt sie zudem bei der Imagebildung und sorgt für eine einheitliche Kommunikation. In ihrer Innenwirkung trägt die Corporate Identity auf der Basis des darin enthaltenen Leitbildes und der Werte zum Zusammenhalt aller in der Kanzlei Beschäftigten bei. Sie schafft Synergien und Identifikation, sodass ihr ein entscheidender Anteil an deren wirtschaftlichem Erfolg zukommt. Denn durch die klare Außenwirkung und das erzeugte Wir-Gefühl innerhalb der Kanzlei entwickelt sie eine stärkere Anziehungskraft auf passende Mandanten und Mitarbeiter. Damit ist die Corporate Identity nicht nur Mittel zur Markenbildung, sondern auch ein wichtiger Baustein bei Akquise und Bindung von Mandanten und Mitarbeitern.

Wichtig mit Blick auf die Corporate Identity ist jedoch, einen häufig gemachten Fehler zu vermeiden. Denn viele reduzieren sie auf das äußere Erscheinungsbild eines Unternehmens oder einer Kanzlei und erfassen damit lediglich das Corpo-

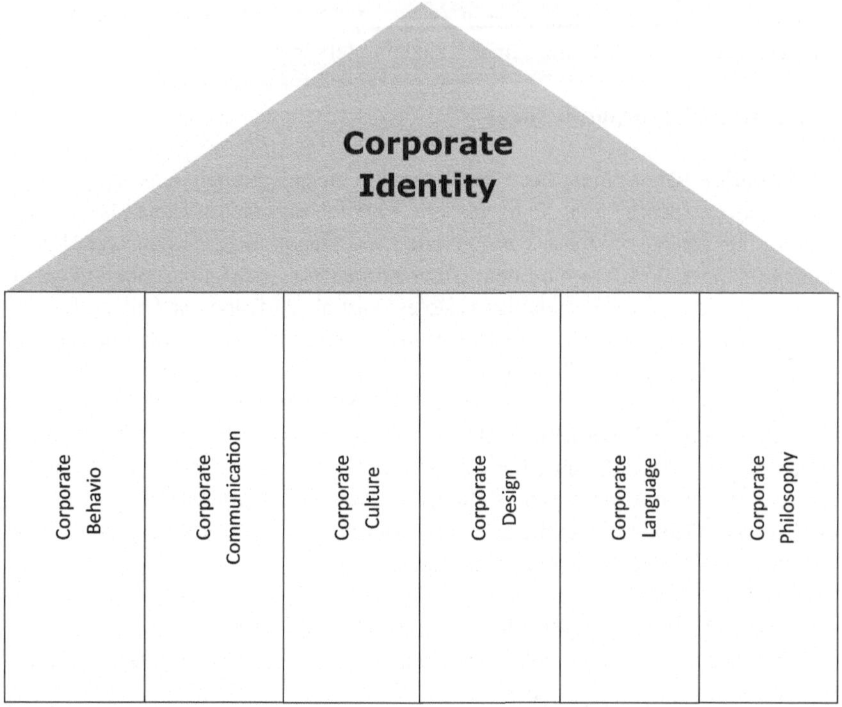

Corporate Identity

Corporate Behavio

Corporate Communication

Corporate Culture

Corporate Design

Corporate Language

Corporate Philosophy

Abb. 1.1 CI-Gebäude

rate Design. Als ganzheitlicher Ansatz wirkt die Corporate Identity aber deutlich darüber hinaus und verbindet sechs unterschiedliche Bausteine unter ihrem Dach. So zählen zum CI-Gebäude (vgl. Abb. 1.1) neben dem Corporate Design auch Corporate Behavior, Corporate Communication, Corporate Culture sowie Corporate Language und Corporate Philosophy hinzu. Dabei beschreibt die Corporate Behavior das Verhalten einer Kanzlei aus der Innen- und aus der Außensicht. Das heißt: Wie verhält sie sich zum Beispiel gegenüber Mandanten oder Mitarbeitern? Oder wie ist das Verhältnis der Beschäftigten untereinander? Neben dem üblichen Umgangston sind hier auch finanzielle Aspekte und der Umgang mit Kritik zu betrachten. Die Corporate Communication umfasst die gesamte Kommunikation der Kanzlei. Dazu zählen sämtliche Maßnahmen in Marketing und Öffentlichkeitsarbeit genauso wie auch die Kommunikation innerhalb der Kanzlei oder mit den Mandanten. Unter Corporate Culture lässt sich das Verhalten im Arbeitsalltag zusammenfassen. Und das Corporate Design schließlich beinhaltet die gesamte Außendarstellung der Kanzlei. So reicht es vom Logo über die Geschäftsausstattung bis hin zum Online-Auftritt. Selbst akustische Merkmale fallen in diesen Bereich. Legt die Kanzlei sich dagegen auf bestimmte Ausdrucksweisen oder eine Sprachebene fest, entscheidet sie sich für eine Corporate Language. Die Werte und Ideale des Kanzleiinhabers oder der Partner bilden letztlich die Corporate Philosophy.

Entscheidend ist bei der Corporate Identity und ihren einzelnen Bausteinen jedoch, dass sie mit Leben erfüllt wird. Denn nur wenn die erarbeiteten Punkte in die Praxis umgesetzt werden, kann sie zum Erfolg der Kanzlei beitragen. Das heißt aber auch, es ist immer zu prüfen, inwiefern die Realität und das in den Leitlinien der Kanzlei Festgeschriebene übereinstimmen. Hier gilt es herauszufinden, ob sich das Selbstbild und die Fremdwahrnehmung decken. Ist dies nicht der Fall muss in der Umsetzung nachgebessert werden, damit das Konzept seine Wirkung wie gewünscht entfalten kann.

Wie die Kanzlei von einer starken Corporate Identity profitiert

Mit einer starken Corporate Identity verfügen Kanzleien über eine ausgezeichnete Grundlage, an der sie ihre Außendarstellung wie auch ihr Verhalten nach innen und nach außen ausrichten können. Sie gibt Orientierung sowohl bei strategischen Entscheidungen als auch bei der praktischen Umsetzung zum Beispiel in Führungsfragen oder bei Überlegungen zum Design. Auf diese Weise stellt sie sicher, dass die gewählten Maßnahmen zur Kanzlei passen und das gewünschte Image erzeugen. Und sie sorgt dafür, dass alle Maßnahmen miteinander harmonieren. Denn nur so gelingt es, unverwechselbar zu werden und sich aus der Masse der Wettbewerber herauszuheben. Mit der Corporate Identity haben Kanzleien ein Instrument, das ihnen hilft, ihre Stellung am Markt auf- und auszubauen. Und gleichzeitig fördert es die positive Entwicklung nach innen.

Ein weiterer Pluspunkt der Corporate Identity ist: Durch ihren ganzheitlichen Ansatz berücksichtigt die Corporate Identity alle für die wirtschaftliche Entwicklung einer Kanzlei wichtigen Bereiche und trägt so zu Erfolg und Wachstum bei. Sie bringt System in das Handeln einer Kanzlei und unterstützt den Rechtsanwalt, Steuerberater oder Wirtschaftsprüfer dadurch zum Beispiel bei der Akquise und Bindung von Mandanten. Verantwortlich für diesen Bereich sind die in der Corporate Communication festgelegten Schritte. Der darin enthaltene Plan bewahrt die Kanzlei davor, sich bei ihren Aktionen zu verzetteln. Das heißt, sie vermeidet ständig wechselnde Maßnahmen, die somit wirkungslos bleiben. Gleichzeitig stellt der Plan sicher, dass Kommunikationsmaßnahmen tatsächlich regelmäßig stattfinden und nicht durch andere Erfordernisse verdrängt werden. Welche konkreten Maßnahmen sich für die Kanzlei hier anbieten, stellt das Essential „Kanzleikommunikation“ vor.

2 Was eine Corporate Identity ausmacht

Das Fundament der Corporate Identity bildet die Unternehmenskultur (Corporate Culture), in die Umgangsformen und Handlungen (Corporate Behavior) der in der Kanzlei Tätigen einfließen. Hinzu kommen Image und Leitbild. Diese Aspekte machen die Persönlichkeit der Kanzlei aus und stehen damit am Anfang der Überlegungen, wenn es gilt, eine starke Corporate Identity zu entwickeln. Wichtig ist dabei, die Corporate Identity bewusst zu gestalten und dabei nichts dem Zufall zu überlassen. Das heißt: Der Rechtsanwalt, Steuerberater oder Wirtschaftsprüfer sollte die Außendarstellung seiner Kanzlei gezielt planen. Allzu leicht besteht ansonsten die Gefahr, falsche, widersprüchliche oder unbeabsichtigte Signale auszusenden, sodass Mandanten sie anders als gewünscht wahrnehmen. Das Ergebnis hieraus wären Irritationen, die die Akquise von Neumandanten erschweren und auch bestehende auf Dauer verschrecken könnten.

Dabei gestaltet sich die Bedeutung einer Corporate Identity unabhängig von der Größe einer Kanzlei. So ist es für einen rechtlichen oder steuerlichen Berater, der seine Kanzlei alleine mit nur einem Mitarbeiter betreibt, genauso wichtig, die Aufmerksamkeit von Mandanten zu erreichen und dabei korrekt wahrgenommen zu werden, wie für eine Großkanzlei mit vielen Partnern und Mitarbeitern. Denn eine starke Corporate Identity vermittelt nach außen, wofür die Kanzlei steht. Bewusst gesteuert, zieht sie so die richtigen neuen Mandanten an und dient außerdem der Mandantenbindung. Gerade mit Blick auf die große Zahl der Wettbewerber unter Rechtsanwälten, Steuerberatern und Wirtschaftsprüfern erhält die Kanzlei damit ein Instrument, das wesentlich zum wirtschaftlichen Erfolg beiträgt und mittelfristig Wachstum ermöglicht.

M. Schäfer, *Erfolgsfaktor Corporate Identity,* essentials,
DOI 10.1007/978-3-658-07986-4_2

Neben ihrer Leitfunktion für die Präsentation der Kanzlei stellt die Corporate Identity auch eine Richtschnur für die Kanzleiführung durch den Inhaber oder die Partner und für das Handeln innerhalb der Kanzlei dar. Damit stellt sie eine dauerhaft gleichbleibende Qualität der erbrachten Leistungen sicher. Dies ergibt sich dadurch, dass sich alle dort Tätigen an den in den einzelnen Bereichen der Corporate Identity festgelegten Maßstäben orientieren. Abweichungen, die sich ergeben, fallen auf und können dadurch kurzfristig korrigiert und abgestellt werden. Dabei müssen die gewählten Aktivitäten aus den sechs Bereichen der Corporate Identity nicht einmal aufwändig und zahlreich sein. Entscheidend ist vielmehr, dass die Kanzlei den entwickelten Plan nutzt und ihrem System folgt. Wichtig sind außerdem drei Punkte: Alle Mitarbeiter müssen sich genauso mit der Corporate Identity identifizieren wie der Kanzleiinhaber oder die Partner, die festgelegten Maßstäbe genießen eine hohe Priorität und werden im Arbeitsalltag umgesetzt und es findet regelmäßig eine Überprüfung statt, die dem Abgleich der Ist-Situation mit der gewünschten dient. Nur wenn dies gewährleistet ist, kann der Rechtsanwalt, Steuerberater oder Wirtschaftsprüfer das volle Potenzial einer Corporate Identity nutzen. Es lohnt sich daher, die dafür notwendige Zeit zu investieren und auch die Mitarbeiter in die Entwicklung und den Abgleich einzubinden. Am besten etablieren der Kanzleiinhaber oder die Partner hierfür einen festen Rhythmus, in dem sie sich diesen Aufgaben widmen.

Wichtig zu wissen ist außerdem: Eine einmal erarbeitete Corporate Identity entwickelt sich weiter. Genau wie die menschliche Persönlichkeit verändert sich auch die Persönlichkeit der Kanzlei. Denn die Menschen darin ändern sich, das Umfeld und die Umwelt ändern sich und die Anforderungen passen sich neuen technischen oder gesetzlichen Gegebenheiten an. Dies sollte in angemessener Form und Zeit in die Corporate Identity der Kanzlei einfließen. Zu beachten ist dabei allerdings, dass die Anpassungen weiterhin mit den eigenen Werten und Vorstellungen übereinstimmen. Schließlich muss die Präsentation der Kanzlei authentisch sein, um wirklich nach außen überzeugen zu können. Kompromisse, die allein dazu dienen sollen, Eindruck zu schinden, werden schnell entlarvt und erreichen dann genau das Gegenteil dessen, was ursprünglich gewünscht war.

2.1 Von Image, Leitbild und Unternehmenskultur

Ein Ziel jeder Kanzlei sollte es sein, ein stimmiges Bild nach außen zu vermitteln und entsprechend der eigenen Verhaltensstandards zu handeln. Eine Voraussetzung dafür ist jedoch, diese Standards bewusst zu gestalten. Eine weitere, die tatsächliche Außenwirkung mit der gewünschten abzugleichen. Denn nur wenn der

Rechtsanwalt, Steuerberater oder Wirtschaftsprüfer diese Punkte gezielt erarbeitet, gelingt es, eine starke Corporate Identity zu entwickeln und dadurch Vertrauen bei den Mandanten aufzubauen.

Die Unternehmenskultur als Fundament

► **Definition** Corporate Culture:

1. Begriff: *Grundgesamtheit gemeinsamer Werte, Normen und Einstellungen, welche die Entscheidungen, die Handlungen und das Verhalten der Organisationsmitglieder prägen.*

2. Ziel: *Wenn Reputation (Ruf) das Oberziel von Unternehmenskommunikation ist, dann bildet die Unternehmenskultur den handlungsprägenden Rahmen. Die Handlungen einer Organisation bilden zugleich die Beobachtungsfläche für Mitglieder der eigenen Organisation (Führungskräfte und Mitarbeiter) sowie Dritte (Kunden, Banken, Politik) und tragen maßgeblich zur Wahrnehmung, zum Fremdbild (Image) und damit zur Reputation bei.*

3. Instrumente: *Leitbildprozesse gelten als ein zentrales Instrument des Kulturmanagements. Diese Arbeitsprozesse unterstützen Organisationen, z. T. implizit gelebte Kulturmerkmale der Tiefenstruktur wie Selbstverständnis und Vision zu explizieren. Diese gilt es dann ggf. zu beeinflussen indem sie vertieft oder variiert werden, um die Soll-Wahrnehmung zu prägen.*

4. Aspekte: *Unterschieden werden zentral zwei Ebenen der Unternehmenskultur: die Tiefenstruktur als handlungsprägende Ebene (Werte, Normen, Einstellungen) sowie die Oberflächenstruktur, die von Dritten beobachtbar ist. Wenn die Tiefenstruktur als handlungsprägender Rahmen der Oberflächenstruktur arbeitet, dann muss Unternehmenskommunikation als Verhaltensmanagement dort ansetzen, um Image und Reputation nachhaltig beeinflussen zu können. Es gilt als umstritten, ob und inwieweit sich die Tiefenstruktur durch Kommunikation, Anreize und/oder Sanktionen nachhaltig verändern lässt.*

Springer Gabler Verlag (Herausgeber), Gabler Wirtschaftslexikon, Stichwort: Unternehmenskultur, online im Internet: http://wirtschaftslexikon.gabler.de/Archiv/55073/unternehmenskultur-v7.html

Jede Kanzlei hat ab dem Zeitpunkt ihrer Gründung ihre eigene Unternehmenskultur. Hier fließen die Werte, Normen und Einstellungen des Inhabers oder der Partner genauso ein, wie die der Mitarbeiter. Hinzu kommen Umgangsformen und Rituale. Da diese Faktoren bei jedem Menschen unterschiedlich ausgeprägt sind, ergibt sich aus ihrem Zusammenspiel auch für jede Kanzlei ein individuelles Gefüge. Das heißt: Jede Unternehmenskultur ist für sich einzigartig.

Die Unternehmenskultur als Fundament der Corporate Identity ist mit ausschlaggebend für das Verhalten aller in der Kanzlei Tätigen – nach innen und nach außen – und bestimmt dadurch mit über ihre Außenwirkung. Die Frage ist nur: Ist sie sich ihrer eigenen Kultur bewusst? Oder ist diese unbewusst im Arbeitsalltag entstanden und wird „einfach so" gelebt? Hier gilt es eine ehrliche Antwort zu finden. Denn nur eine bewusst gelebte Unternehmenskultur kann die Kanzlei wirksam unterstützen und auf dem Weg zu größerem wirtschaftlichen Erfolg voran bringen. Nur klare Regelungen können dabei als Richtschnur dienen.

Im Zusammenspiel mit den anderen Bausteinen der Corporate Identity trägt auch die Kultur in der Kanzlei dazu bei, die richtigen Mandanten und Mitarbeiter anzuziehen und dann auch zu binden. Denn dadurch, dass sich zunächst einmal die Werte und Einstellungen des Kanzleiinhabers und der Partner ergänzt um die der bestehenden Mitarbeiter in der Unternehmenskultur widerspiegeln und so die Persönlichkeit der Kanzlei mit prägen, fühlen sich besonders die Menschen angesprochen, die dazu passen. Dabei handelt es sich um einen sich selbst verstärkenden Effekt. Durch die Einbindung der Mitarbeiter und im Zusammenspiel mit der Außenwirkung der Kanzlei wird sich diese Kultur im Laufe der Zeit schließlich festigen. Dies gilt vor allem dann, wenn der Rechtsanwalt, Steuerberater oder Wirtschaftsprüfer – zusammen mit den Mitarbeitern – bewusst daran arbeitet, sie weiter entwickelt und an aktuelle Anforderungen anpasst. Konkrete Leitfragen und Anregungen für die Entwicklung der Unternehmenskultur bietet das folgende Kapitel (vgl. Kap. 2.2).

Image – vom Unterschied zwischen Eigen- und Fremdwahrnehmung

► **Definition** Konzept aus der Markt- und Werbepsychologie, das als die Quintessenz der Einstellungen verstanden werden kann, die Konsumenten einem Produkt, einer Dienstleistung oder einer Idee entgegenbringen. Wie Einstellungen stammen Images aus der direkten oder indirekten Erfahrung. Bei ihnen lassen sich
(1) kognitive (Was weiß ich über den Gegenstand?),
(2) evaluative (Wie werte ich den Gegenstand?) und
(3) konative (Wie möchte ich dem Gegenstand gegenüber handeln?) Komponenten voneinander abheben. Für die Imageanalyse gibt es eine Vielzahl von quantitativen (auf Skalierungsverfahren beruhenden) und qualitativen Verfahren. Der Imagegestaltung dienen marketingpolitische Instrumente, also der Preis, die Produktgestaltung, die Werbung und der Absatzweg.

Springer Gabler Verlag (Herausgeber), Gabler Wirtschaftslexikon, Stichwort: Image, online im Internet: http://wirtschaftslexikon.gabler.de/Archiv/57548/image-v6.html

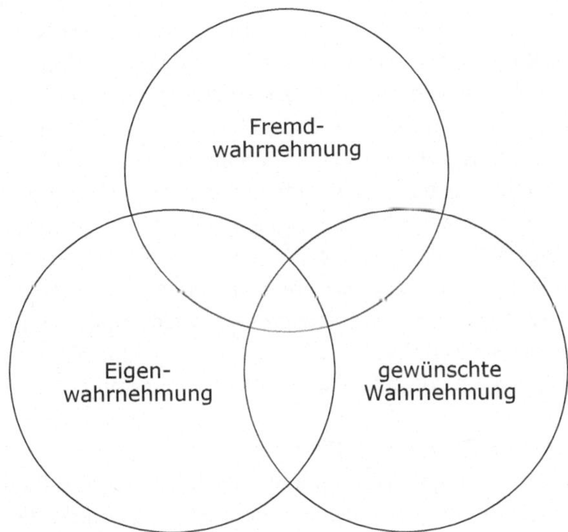

Abb. 2.1 Perspektiven der Wahrnehmung

Das Image baut auf dem Fundament der Unternehmenskultur auf. Dabei prägt die Kanzlei die Wahrnehmung durch den Umgang der dort Tätigen miteinander und mit ihrem Umfeld. Das bedeutet, das Bild der Kanzlei ergibt sich aus zwei Blickwinkeln: der Innen- und der Außensicht. Daher darf bei der Entwicklung einer starken Corporate Identity auch die externe Sicht nicht zu kurz kommen. Meist wird es bei Beginn der Arbeit am Image so sein, dass sich bereits in der Innensicht Abweichungen zwischen der angestrebten Außenwirkung und der aktuell selbst eingeschätzten ergeben. Eine weitere Diskrepanz ergibt sich, wenn die Kanzlei analysiert, wie ihr Umfeld sie erlebt. Das heißt, die Eigenwahrnehmung, die gewünschte Selbstwahrnehmung und die Fremdwahrnehmung unterscheiden sich mal mehr und mal weniger deutlich. Wie der Rechtsanwalt, Steuerberater oder Wirtschaftsprüfer hier gezielt gegensteuern kann, zeigt ihm die intensive Auseinandersetzung mit den verschiedenen Perspektiven der Wahrnehmung (vgl. Abb. 2.1).

Im Idealfall würden Eigenwahrnehmung, angestrebtes Image und Fremdwahrnehmung vollständig übereinstimmen. Dies wird jedoch in der Realität nur selten so sein. Entscheidend ist es daher, die Lücken zu ermitteln und die Ursachen dafür zu benennen. Erst auf dieser Grundlage lassen sich Lösungen entwickeln, die nach und nach dazu beitragen, das gewünschte Image immer stärker dem tatsächlich von außen wahrgenommenen anzunähern. Zu bedenken sind dabei jedoch zwei Aspekte: Eine vollständige Übereinstimmung wird kaum zu erreichen sein, da beim Image immer subjektive Einschätzungen eine Rolle spielen, die naturgemäß zumindest leicht voneinander abweichen werden. Das Ziel der Kanzlei sollte daher sein, die Diskrepanz zwischen angestrebtem Image und Fremdwahrnehmung so weit wie möglich zu verringern. Letzte Anstrengungen für eine vollständige Übereinstimmung sind demnach überflüssig. Dies sollte der Rechtsanwalt, Steuerberater oder Wirtschaftsprüfer bei der Arbeit am Image im Blick behalten, damit die Kanzlei sich nicht verzettelt und Aufwand und Nutzen in einem angemessenen Verhältnis bleiben. Weiterhin gilt es zu beachten, dass sich die Kanzlei bei diesen Anpassungsmaßnahmen auf ihr Wunsch-Image konzentriert und sich nicht plötzlich an Vorstellungen von außen orientiert, die aus der Fremdwahrnehmung entspringen, in denen sie sich selbst jedoch nicht wiederfindet. Immerhin soll das Image als Teil einer starken Corporate Identity die Persönlichkeit der Kanzlei widerspiegeln und nicht ein von außen aufgedrücktes Kunstbild.

Leitbild – Werte und Ziele verdeutlichen

Das Leitbild bildet den Kern der Corporate Identity. Denn hier fließen die Werte und Ziele der Kanzlei ein. Das bedeutet, das Leitbild definiert die Existenz der Kanzlei. Es macht deutlich, warum diese besteht und liefert gleichzeitig den Mandanten ein Nutzenversprechen.

▶ **Definition** Element des normativen Rahmens eines Unternehmens in dem es den Zweck seines Daseins in Form von Nutzenversprechen gegenüber seinen Anspruchsgruppen darlegt (strategisches Management).

Springer Gabler Verlag (Herausgeber), Gabler Wirtschaftslexikon, Stichwort: Unternehmensleitbild, online im Internet: http://wirtschaftslexikon.gabler.de/Archiv/16056/unternehmensleitbild-v8.html

Das Leitbild einer Kanzlei kann unterschiedlich ausführlich ausfallen – von drei Sätzen bis hin zu einer DIN A4-Seite oder darüber hinaus ist alles möglich. Wichtig ist jedoch, dass es die Werte und Ziele konkret und gut beschreibt, sodass diese im Arbeitsalltag schließlich gelebt werden. Denn das Leitbild gibt den Rahmen für Entscheidungen vor, sorgt für ein klares Profil und verbindet alle in der Kanzlei Tätigen. Entscheidend ist es daher, dass ein Leitbild nicht vom Kanzleiinhaber oder den Partnern vorgegeben werden sollte. Vielmehr gilt es, erste Impulse zu setzen und dann die Mitarbeiter bei der Entwicklung des Leitbildes einzubinden. Nur so ist sichergestellt, dass diese sich damit identifizieren, sodass es langfristig zum Erfolg der Kanzlei beiträgt.

2.2 Die stimmige Corporate Identity entwickeln

Auf dieser Basis kann die Kanzlei damit beginnen, ihre Corporate Identity zu entwickeln. Hierbei empfiehlt es sich, systematisch vorzugehen. Dazu erarbeitet der Rechtsanwalt, Steuerberater oder Wirtschaftsprüfer nacheinander die Inhalte zu den einzelnen Bausteinen der Corporate Identity und bildet daraus schließlich das Gesamtgefüge. Wichtig ist während des Entwicklungsprozesses allerdings, auf das Zusammenspiel aller Faktoren zu achten.

Unternehmenskultur entwickeln

In einem ersten Schritt gilt es, das Fundament der Corporate Identity aus Unternehmenskultur, Image und Leitbild zu erarbeiten. Um die Unternehmenskultur in der Kanzlei bewusst zu gestalten, ist es wichtig, sich über den Umgang miteinander und über allgemeine Verhaltensregeln klar zu werden. Der Kanzleiinhaber oder die Partner müssen entscheiden, was ihnen besonders wichtig ist und was sie in keinem Fall akzeptieren. Auch wenn sie hier die maßgeblichen Entscheidungen treffen, sollten ebenso die Mitarbeiter ihren Beitrag dazu leisten, die bereits gelebte Unternehmenskultur deutlich zu machen. Ihre Anregungen in Bezug auf Werte und Einstellungen sowie zu wünschenswerten Umgangsformen und Ritualen sind in der Entwicklungsphase ebenfalls interessant und ergänzen die Vorstellungen des Inhabers oder der Partner. Ein Fragenkatalog hilft dem Rechtsanwalt, Steuerberater und Wirtschaftsprüfer dabei, die einzigartige Kultur der eigenen Kanzlei zu gestalten und im Laufe der Zeit an veränderte Einstellungen und neue Anforderungen anzupassen.

Leitfragen zur Entwicklung der Unternehmenskultur

- Welches Verhalten leben der Kanzleiinhaber oder die Partner den Mitarbeitern im Umgang mit Mandanten vor?
- Wie gehen sie mit den Mitarbeitern um? Wie ist der Umgangston?
- Wie sieht die eigene Arbeitseinstellung von Kanzleiinhaber oder Partnern aus? Zeigen sie sich engagiert? Wie gestalten sie ihre Bürozeiten? Welchen Einblick gewähren sie den Mitarbeitern?
- Wie ist das äußere Erscheinungsbild? Klassisch oder leger?
- Wie verhalten sich die Mitarbeiter gegenüber dem Chef/den Chefs?
- Wie ist der Umgang der Mitarbeiter untereinander? Welchen Umgangston pflegen sie? Wie hilfsbereit sind sie gegenüber den anderen?
- Wie verhalten sich die Mitarbeiter gegenüber Mandanten?

- Wie sehen die Leitlinien für die externe Kommunikation aus? In Briefen, in Social Media?
- Welche Regelungen gibt es zu Arbeitszeiten? Wie sieht es mit den Anforderungen an Pünktlichkeit aus?
- Welche Regeln herrschen mit Blick auf Ordnung und Sauberkeit? Wie sehen die Büros, wie das Besprechungszimmer aus? In welche Räume erhalten Mandanten Einblick?
- Wie ist der Umgang mit Fehlern und Kritik? Wie verhalten sie sich bei Beschwerden von Mandanten?
- Welche Do's und Don'ts gelten in der Kanzlei?

Anhand der Antworten auf diese Leitfragen lässt sich die Unternehmenskultur der Kanzlei gut abbilden und später weiter entwickeln. Ideal ist es, daraus ein Handbuch zu erarbeiten, das allen dort Tätigen den Rahmen für ihr Handeln vorgibt. Auch wenn dieses Vorgehen zunächst durchaus zeitaufwändig erscheint, lohnt sich dieser Einsatz. Denn mit einem solchen Handbuch gibt die Kanzlei ihrem Tun eine Grundlage. Das bedeutet auch: Festgelegte Handlungsnormen vermitteln Sicherheit bei Entscheidungen und sorgen dafür, dass alle Aktionen einer Richtung folgen – unabhängig davon, wer hierfür verantwortlich ist. So garantiert die Kanzlei eine gleichbleibende Qualität aller angebotenen Leistungen.

Zusätzlich übernimmt das aus den Leitfragen zur Unternehmenskultur entwickelte Handbuch eine Kontrollfunktion. Schließlich lassen sich auf diese Weise alle Handlungen daraufhin überprüfen, ob sie mit den in der Unternehmenskultur festgelegten Standards übereinstimmen. Daraus folgt aber auch, dass sich Mängel so schneller erkennen und beheben lassen. Davon wiederum profitiert die Kanzlei gerade mit Blick auf ihr Image. Immerhin gilt es hier, die tatsächliche Außenwirkung der gewünschten soweit wie möglich anzunähern und ein stimmiges Bild zu erzeugen. Und nur wenn dies gelingt, leistet das Image tatsächlich einen wichtigen Beitrag zur Akquise und Bindung von Mandanten und Mitarbeitern.

Image aufbauen

Welches Image der Rechtsanwalt, Steuerberater oder Wirtschaftsprüfer anstrebt und wie dies aktuell wahrgenommen wird, gilt es in einem nächsten Schritt zu ermitteln. Zu berücksichtigen sind dabei die verschiedenen Image-Perspektiven (vgl. Abb. 2.2). Konkret bedeutet das, mehrere Ebenen zu analysieren und einzubeziehen. Denn nur wenn die Kanzlei bereits von Beginn an auch ihre Ziele mit

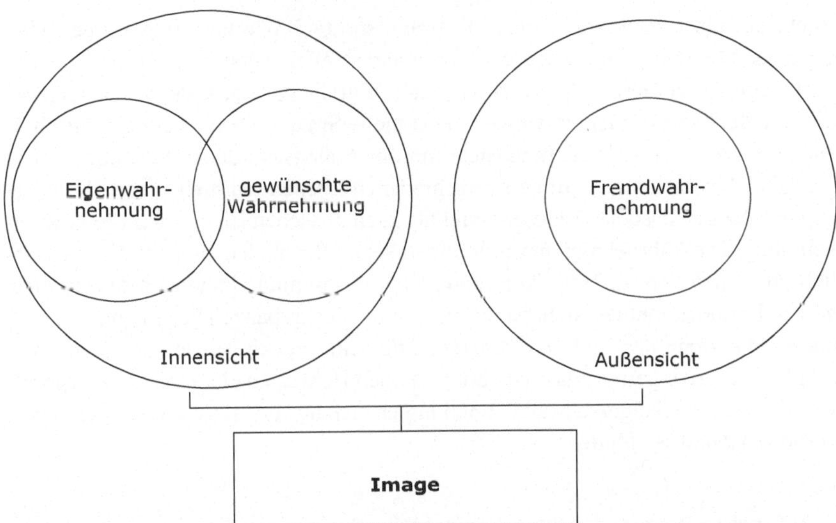

Abb. 2.2 Image-Perspektiven

im Blick hat, erkennt sie mögliches Potenzial. Und nur wenn sie gleichzeitig die Einschätzung ihres Umfeldes betrachtet, kann sie wichtige Hinweise von außen frühzeitig in den Imageaufbau und die Entwicklung ihrer starken Corporate Identity einfließen lassen.

Wichtig für die starke Corporate Identity und ein positives Image der Kanzlei ist natürlich zunächst: Wie sehen der Kanzleiinhaber oder die Partner ihre Kanzlei? Welches Bild haben die Mitarbeiter? Die Antworten auf diese Fragen offenbaren die Eigenwahrnehmung oder auch das in der Kanzlei vorherrschende Selbstbild. Wichtig ist, an dieser Stelle ehrlich zu sich selbst zu sein. Denn nur so erhält der Rechtsanwalt, Steuerberater oder Wirtschaftsprüfer eine gute Grundlage für die Arbeit am Image der Kanzlei. Empfehlenswert ist daher auch, die Antworten sowohl alleine als auch im Team zu suchen. Oft ergeben sich in der Diskussion mit den Mitarbeitern nochmals neue Aspekte, die der Kanzleiinhaber oder die Partner so nicht erkannt hatten.

Im nächsten Schritt gilt es, zu schauen, ob die Einschätzung zum aktuellen Image mit dem Bild übereinstimmt, das der Kanzleiinhaber oder die Partner sich wünschen. Dazu müssen sie vorab für sich klären, welches Bild die Kanzlei erzeugen soll und wie sie und die Mitarbeiter nach außen auftreten wollen. Ergänzt werden sollte dieses Bild um die Einschätzungen von Menschen außerhalb der Kanzlei. Wie sehen Mandanten, Geschäftspartner und andere Zielgruppen den

Rechtsanwalt, Steuerberater oder Wirtschaftsprüfer? Wie bewerten sie den Umgang der Mitarbeiter mit ihnen und miteinander? Was sagen sie über die Kanzlei? Erst wenn dieser Gesamtüberblick vorliegt, folgt die weitere Analyse. Dabei muss die Kanzlei herausfinden, inwieweit die aktuelle Situation bereits der gewünschten entspricht und wie sich die Innensicht mit der Außensicht deckt. Fast immer wird sie dabei Abweichungen auf den verschiedenen Ebenen ermitteln – sowohl in Bezug auf die gewünschte Wahrnehmung als auch zwischen Eigen- und Fremdwahrnehmung. Da Wahrnehmungen individuell sehr verschieden sind, ist dies tatsächlich unvermeidlich. Eine vollkommene Übereinstimmung kann es hier also nicht geben. Dennoch lohnt es sich, zu prüfen, wo die Diskrepanzen liegen und wie groß diese sind. Denn das Ziel der Kanzlei sollte sein, die Abweichungen soweit wie möglich zu verringern, sodass das Image seinen Beitrag zu einer starken Corporate Identity leistet. Geeignete Maßnahmen lassen sich aus den Ergebnissen der durchgeführten Analyse ableiten.

4-Schritte-Prozess zur Image-Entwicklung

1. Schritt (Eigenwahrnehmung)
   Wie sieht der Kanzleiinhaber/Wie sehen die Partner die Kanzlei?
   Wie sehen die Mitarbeiter die Kanzlei?
2. Schritt (gewünschte Wahrnehmung)
   Welches Bild soll die Kanzlei in ihrer Zielgruppe erzeugen?
   Wie wollen Kanzleiinhaber und Mitarbeiter nach außen auftreten?
3. Schritt (Fremdwahrnehmung)
   Welches Bild erzeugt die Kanzlei bei ihrer Zielgruppe?
   Wie bewerten Menschen außerhalb der Kanzlei den Umgang der Mitarbeiter mit ihnen und miteinander?
   Wie schätzt das Umfeld die Kanzlei ein?
4. Schritt (Abweichung analysieren)
   Entspricht die gewünschte der tatsächlichen Wahrnehmung?
   Welche Abweichungen gibt es?
   Wie groß ist die Diskrepanz zwischen Wunsch und Wirklichkeit?

Leitbild mit Leben füllen

Den Abschluss bei der Gestaltung des Fundaments für die Corporate Identity bildet das Leitbild oder die Philosophie der Kanzlei. Dieser Punkt erfasst die Grundfesten der unternehmerischen Existenz. Denn darin beantwortet der Rechtsanwalt, Steuerberater oder Wirtschaftsprüfer die Frage nach dem Nutzen seiner Tätigkeit, nach seinen Werten und nach seinen unternehmerischen Grundsätzen. Wichtig ist dabei, die Antworten individuell auf die Kanzlei abzustimmen, statt allgemeingültige Inhalte zu liefern. Denn nur so stärken sie die Persönlichkeit der Kanzlei und tragen damit zu einer stimmigen und überzeugenden Corporate Identity bei.

Der Nutzen der Kanzlei spiegelt dabei ein Versprechen an die Mandanten wider. Gleichzeitig steckt darin auch das Selbstverständnis des rechtlichen oder steuerlichen Beraters. Das heißt also, der Nutzen sollte seine individuellen Eigenheiten ausdrücken und zeigen, was die Kanzlei für ihre Mandanten erreichen möchte und was sie besonders macht. Versteht der Steuerberater sich zum Beispiel vor allem als betriebswirtschaftlicher Begleiter von kleinen Unternehmen, könnte ein Nutzenversprechen lauten: Wir entwickeln ihr Unternehmen weiter. Eine Großkanzlei, die sämtliche Rechtsgebiete und die steuerliche Beratung abdeckt, könnte die ganzheitliche Beratung als besonderen Nutzen herausstellen. Bei einem Familienrechtler mit Zusatzqualifikation als Mediator könnte das Versprechen lauten: Wir stiften Familienfrieden. Wichtig bei der Entwicklung des Nutzenversprechens ist in jedem Fall, dass dies den tatsächlichen Leistungen der Kanzlei entspricht und gleichzeitig ihre Besonderheit herausstellt. Denn nur so kann es als Teil der Corporate Identity ausreichend Anziehungskraft auf Mandanten und auch Mitarbeiter entfalten.

Neben dem Nutzen fließen auch die Werte des Kanzleiinhabers oder der Partner in die Kanzlei ein. Darin zeigen sich die Prioritäten des rechtlichen oder steuerlichen Beraters. Konkret heißt das: Worauf kommt es ihm in seinem Handeln besonders an? Aus einer Liste möglicher Werte sollte er diejenigen heraussuchen, die ihm wichtig sind. Um ein klares Bild zu vermitteln, sollte er sich daher auf etwa drei Werte beschränken. Bei der Auswahl empfiehlt es sich, die in der Liste aufgeführten Werte mit konkreten Vorstellungen zu verknüpfen. Auf diese Weise verschaffen der Kanzleiinhaber oder die Partner sich selbst Klarheit darüber, was der jeweilige Wert konkret für sie bedeutet. Es ist nämlich durchaus möglich, dass unterschiedliche Personen verschiedene Assoziationen zu einzelnen Werten haben.

Werte erarbeiten

Macht	Engagement
Status	Ehrlichkeit
Respekt	Fairness
Selbstverwirklichung	Kompetenz
Ordnung	Qualität

Unabhängigkeit	Sorgfalt
Anerkennung	Termintreue
Idealismus	Zuverlässigkeit
Toleranz	Verantwortungsbewusstsein
Solidarität	Freundlichkeit
Integrität	...

Vervollständigt wird das Leitbild schließlich durch die unternehmerischen Grundsätze des Rechtsanwalts, Steuerberaters oder Wirtschaftsprüfers. Darin legt er fest, wie er die Kanzlei organisiert. Dies umfasst zum Beispiel mögliche Hierarchien, das Rechnungs- und Mahnwesen, geplantes Wachstum oder auch die Beschreibung des „idealen Mandanten". Außerdem zählen dazu Fragen der Corporate Behavior. Das heißt: Wie will die Kanzlei mit ihren Mitarbeitern umgehen? Und wie verhält sie sich zum Beispiel gegenüber Mandanten, Journalisten oder Geschäftspartnern? Ergänzen lässt sich dies durch Vorgaben zur Corporate Language, die eine Sprachregelung für die Kanzlei festlegen.

Leitfragen zur Entwicklung des Leitbildes

- Wer bin ich?
- Was will ich mit meiner Kanzlei erreichen?
- Welchen Nutzen biete ich meinen Mandanten?
- Wer sind meine Wunschmandanten?
- Was soll mein Leistungsportfolio umfassen?
- Wie handeln wir gegenüber unserem Umfeld? Wie gehen wir miteinander um?
- Wie soll die Kanzlei organisiert sein?
- Welche Werte will ich leben?
- Wie soll die Kanzlei sich weiter entwickeln?

Aus den Antworten auf die Leitfragen sollte die Kanzlei schließlich ihr Leitbild als Essenz herausfiltern und daraus eine eingängige Botschaft – einen Slogan – entwickeln. Denn ein solcher Slogan schafft Aufmerksamkeit und sorgt für einen Wiedererkennungseffekt bei ihrer Bezugsgruppe. Wichtig ist dabei, dass er das Wesen der Kanzlei widerspiegelt. Denn nur wer authentisch ist, erzeugt ein stimmiges Bild nach außen und wirkt als Persönlichkeit. Dies gilt vor allem mit Blick auf die langfristige Wirkung im Rahmen und den Beitrag zu einer starken Corporate Identity.

2.3 Ein Teil des Ganzen: Das Corporate Design

Für viele ist das Corporate Design der entscheidende Baustein der Corporate Identity. Denn hinter dem Corporate Design verbirgt sich das visuelle Erscheinungsbild der Kanzlei. Tatsächlich erfüllt es daher im Rahmen der ganzheitlichen Corporate-Identity-Strategie eine wichtige Aufgabe. Immerhin setzt das Corporate Design die Botschaft der Kanzlei optisch um und schafft damit im Idealfall einen hohen Wiedererkennungswert und sorgt für Aufmerksamkeit. Wichtig ist dabei jedoch, dass das Corporate Design das Wesen der Kanzlei tatsächlich widerspiegelt und dass es sich über den gesamten Außenauftritt erstreckt.

Das Corporate Design setzt sich zusammen aus Farben, Schriften, Bildern und Materialien sowie deren Zusammenspiel. Was er davon in welcher Form für seine Kanzlei wählt, ergründet der Rechtsanwalt, Steuerberater oder Wirtschaftsprüfer am besten zusammen mit einem erfahrenen Grafiker und Webdesigner. Denn dieser kann ihn zur Wirkung von Farben, Formen und Materialien beraten. Und er kann abschätzen, ob dies zur Kanzlei und zu den Wunschmandanten passt. Nichts wäre schließlich schlimmer, als wenn das Corporate Design die übrigen Elemente der sorgfältig erarbeiteten Corporate Identity negativ beeinflussen würde.

Ein hochwertiges Logo für den Wiedererkennungseffekt
Ein wichtiger Bestandteil eines wirkungsvollen Corporate Designs ist das Logo. Denn ihm kommt eine Signalwirkung zu. Daher sollte dessen Entwicklung an erster Stelle stehen. Seine Aufgabe ist es, Aufmerksamkeit zu wecken und einen Wiedererkennungseffekt zu erzielen. Da das Logo die Kanzlei über einen langen Zeitraum begleiten wird, sollte der Rechtsanwalt, Steuerberater oder Wirtschaftsprüfer Wert auf ein hochwertiges Logo legen, das die Persönlichkeit der Kanzlei gut widerspiegelt. Dabei kommt es auf das Zusammenspiel der Farben und Formen an. Zu überlegen ist hier auch, ob das Logo nur aus einem Bild bestehen sollte (Bildmarke) oder ob Worte die Aussagekraft für die Kanzlei erhöhen und eine Wort-Bild-Marke die bessere Wahl wäre. Zur Entwicklung des Logos gehört auch eine Überprüfung beim Deutschen Patent- und Markenamt (DPMA) oder je nach Tätigkeitsbereich auch international, um unangenehme Überraschungen durch Ähnlichkeiten zu bereits bestehenden Marken zu vermeiden. Aus diesem Grund empfiehlt es sich zudem, das eigene Logo dort eintragen zu lassen, sobald der Grafiker dieses fertiggestellt hat. Dann ist die Kanzlei auf der sicheren Seite und

muss nicht befürchten, dass ähnliche Entwürfe sie später zu einem Wechsel ihres Logos zwingen können.

Leitfragen für die Logo-Entwicklung

- Was sind meine bevorzugten Farben?
- Für was steht meine Kanzlei?
- Wer sind meine Wunschmandanten?
- Welche Logos bei Wettbewerbern oder anderen Unternehmen gefallen mir? Warum?
- Wie sieht das Bürogebäude aus, in dem meine Kanzlei ist?
- Wie sehen meine Büroräume aus?
- Welche Geschäftsausstattung benötige ich, auf die das Logo gedruckt wird?
- Gibt es besondere Anforderungen (zum Beispiel Vorgaben das Vermieters für das Material des Firmenschilds)?

Bei der Auswahl des Logos für die Kanzlei gilt es, verschiedene Kriterien im Blick zu behalten. Entsprechend wichtig ist es, zunächst die eigenen Vorstellungen zu klären und anschließend mit dem Grafiker die Möglichkeiten der Gestaltung zu besprechen. An erster Stelle muss der Entwurf dem Kanzleiinhaber oder den Partnern natürlich gefallen. Das betrifft sowohl die darin enthaltenen Farben als auch die Formen. Außerdem sollte das Logo auch die Zielgruppe ansprechen. Hinzu kommen jedoch weitere praktische Aspekte. So ist es wichtig, dass das Logo sich in verschiedenen Größen gut darstellen lässt. Das heißt, egal ob es auf eine Visitenkarte oder einen Stempel gedruckt oder groß auf der Website platziert wird – alle Details und Farbschattierungen sollten erkennbar bleiben. Im Hinblick auf die gewünschte Langlebigkeit ist es auch gut, ein Logo zu wählen, dass klassisch aber dennoch aktuell wirkt.

Geschäftsausstattung aus einem Guss

Ein Aushängeschild der Kanzlei ist die Geschäftsausstattung. Denn hierüber wird sie sehr häufig von außen wahrgenommen – sei es durch die Korrespondenz mit den unterschiedlichsten Adressaten, sei es bei persönlichen Begegnungen oder sei es im Vorbeigehen durch die Präsentation an ihrem Standort. Deshalb sind hier zwei Punkte bedeutsam: der Wiedererkennungseffekt und das gute Erscheinungsbild. Einen großen Beitrag zur Wiedererkennung leistet dabei das im ersten Schritt entwickelte Logo. Dieses gehört gut sichtbar und in hervorragender Druckqualität auf jedes einzelne Element der Geschäftsausstattung. Denn dort dient es als Erkennungszeichen, das die Aufmerksamkeit des Betrachters weckt und das er sich leicht einprägen kann. Bei einem weiteren Kontakt zur Kanzlei kann er dadurch schnell eine Verbindung herstellen.

Weiterhin wichtig für den Rechtsanwalt, Steuerberater oder Wirtschaftsprüfer ist das gute Erscheinungsbild seiner Kanzlei. Das bedeutet, die Geschäftsausstattung muss zu ihrer Persönlichkeit passen und sie muss einen überzeugenden optischen Eindruck hinterlassen. Erreichen lässt sich dies durch die gezielte Wahl von Schriftarten und -größen sowie Materialien. So löst zum Beispiel eine Schriftart mit vielen Bögen und Schwüngen andere Assoziationen aus als eine sachliche, nüchterne. Schwere strukturierte Papierarten führen zu anderen Gedankenverbindungen als dünne glatte. Hier gilt es, die passende Wahl zu treffen, die genau die gewünschten Verknüpfungen zur Kanzlei herstellt. Selbstverständlich ist schließlich, dass die gewählte Schriftart und die gewählten Materialien einheitlich für die gesamte Geschäftsausstattung verwendet werden. Konkret heißt das, wer sich für Visitenkarten aus schwerem Karton und mit strukturierter Optik entscheidet, sollte hierauf auch das Papier seiner Briefbögen und Briefumschläge abstimmen. Die gewählte Schriftart sollte ebenfalls einen edlen Eindruck machen und so das Bild vervollständigen. Das gleiche gilt umgekehrt bei der Wahl eines dünnen, glatten Papiers. Auch dies sollte sich dann in allen Elementen der Geschäftsausstattung wiederfinden und durch eine nüchterne Schrift ergänzt werden. Kompetente Unterstützung bei der Auswahl finden der Kanzleiinhaber oder die Partner bei einem guten Grafiker. So stellen sie sicher, dass die gewählte Form der Geschäftsausstattung tatsächlich zu einer stimmigen Corporate Identity beiträgt.

Welche Geschäftsausstattung in gedruckter Form ein Rechtsanwalt, Steuerberater oder Wirtschaftsprüfer benötigt, hängt von verschiedenen Faktoren ab. Die Möglichkeiten sind zahlreich (vgl. Abb. 2.3). Ein entscheidendes Kriterium neben der gewählten Positionierung ist natürlich das Budget. Weiterhin spielt eine Rolle, welche Kommunikationsmaßnahmen der Kanzleiinhaber oder die Partner für die Akquise und Bindung der Mandanten planen. Zur Basisausstattung einer Kanzlei gehören in jedem Fall Visitenkarten, Briefbögen – erste und zweite Seite –, Briefumschläge und ein Stempel. Auch ein Kanzleischild in eigenem Design ist selbstverständlich, sofern hier nicht Vorgaben des Vermieters entgegenstehen. Dies lässt sich ergänzen durch Kurzmitteilungen, Memo-Blöcke, Notizblöcke und Kugelschreiber mit Logo und Beschriftung. Je nach Bedarf lassen sich diese Elemente für den internen Bedarf oder auch zur Weitergabe an Mandanten nutzen. Weiterhin denkbar sind Präsentationsmappen, die der rechtliche oder steuerliche Berater zum Beispiel zur Übergabe von Schriftsätzen oder der Steuerberechnung nutzt. Übergeben sie ihren Mandanten häufig größere Ordner, ist auch die Anschaffung von mit dem Logo der Kanzlei und ihren Kontaktdaten bedruckten Tragetaschen eine

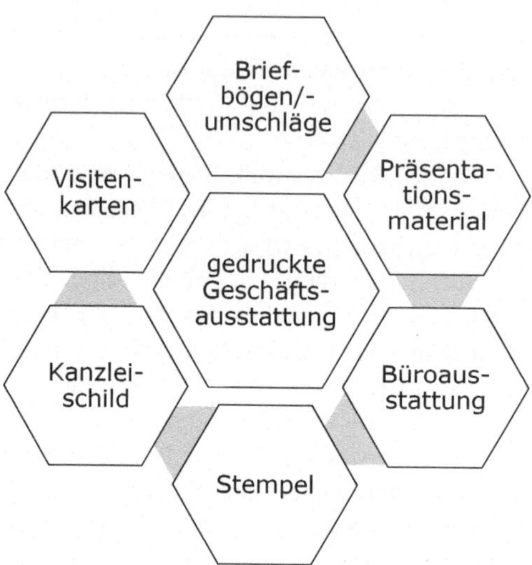

Abb. 2.3 Geschäftsausstattung

Überlegung wert. Mit Blick auf einen einheitlichen Innenauftritt und die Identifikation der Mitarbeiter bietet sich schließlich noch die einheitliche Beschriftung von Ordnerrücken und Aktensammlern.

Bei diesen umfangreichen Möglichkeiten, die sich dem Kanzleiinhaber oder den Partnern bei der Auswahl ihrer Geschäftsausstattung bieten, gilt es natürlich, die eigenen Anforderungen und Bedürfnisse im Blick zu behalten. Einzelne Elemente lassen sich nachträglich ergänzen, wenn sie gebraucht werden. Entscheidend ist dabei jedoch immer, dass alles zur Kanzlei passt und dass die Geschäftsausstattung ein einheitliches Bild vermittelt. Auf diese Weise trägt sie schließlich zu einer stimmigen Corporate Identity bei.

Der digitale Kanzleiauftritt

Neben der Geschäftsausstattung in gedruckter Form verfügt die Kanzlei heute über ein weiteres Feld zur Präsentation: die digitalen Medien. Auch hier gilt es den Wiedererkennungseffekt zu nutzen und einen überzeugenden Eindruck zu vermitteln. Das bedeutet: Genau wie bei der gedruckten Geschäftsausstattung sorgt beim digitalen Kanzleiauftritt das gut platzierte Logo für die nötige Aufmerksamkeit und den Wiedererkennungseffekt. Der gute Eindruck entsteht durch ein Design, das sowohl zur Kanzlei passt als auch die Bedürfnisse der digitalen Medien berücksichtigt. So sind hier zum Beispiel bei der Auswahl der Schriftart Grenzen gesetzt. Denn diese muss am Bildschirm gut lesbar sein. Ähnlich ist es bei der

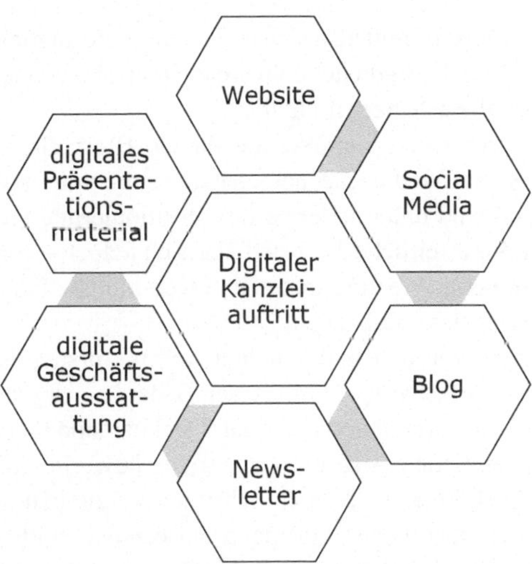

Abb. 2.4 Digitaler Kanzleiauftritt

Farbwahl, die sich ebenfalls an den Anforderungen der Nutzer ausrichten sollte. Und dennoch: Die Website darf und soll Aufmerksamkeit wecken und im Gedächtnis haften bleiben. Ein guter Grafiker und Webdesigner berät den Rechtsanwalt, Steuerberater und Wirtschaftsprüfer zu den Möglichkeiten, die sich ihm für den digitalen Auftritt seiner Kanzlei bieten und berücksichtigt dies bei der Gestaltung.

Wie bei der gedruckten Geschäftsausstattung gilt auch beim digitalen Kanzleiauftritt: Dem Kanzleiinhaber oder den Partnern bieten sich zahlreiche Möglichkeiten (vgl. Abb. 2.4). Sie sollten jedoch gezielt die auswählen, die sie nutzen wollen und können und die zu ihrer Kanzlei sowie zu ihrer Zielgruppe passen. Standard ist heute allerdings die Website, die damit zum absoluten Muss für jede Kanzlei wird. Sie ist ihre Visitenkarte im Internet. Wie umfangreich dieser Webauftritt ist, hängt jedoch von den Bedürfnissen des Kanzleiinhabers oder der Partner ab. Wichtig ist dabei, dass die Internetpräsenz die Anforderungen der Suchmaschinen berücksichtigt, sodass die Kanzlei bei Suchanfragen gefunden wird. Gut ist außerdem, wenn der Rechtsanwalt, Steuerberater oder Wirtschaftsprüfer – oder ein Mitarbeiter der Kanzlei – die Website selbst pflegen kann. Content Management Systeme (CMS) wie zum Beispiel WordPress, Contao oder Drupal machen dies möglich. So bleibt die Kanzlei flexibel und kann regelmäßig Neuigkeiten auf der Website einpflegen oder Änderungen an ihren Texten selbst vornehmen. Ebenfalls beachten sollte sie im Zeitalter der Internetnutzung auf mobilen Endgeräten wie Smartphones und Tablets, dass ihre Website responsive ist. Das heißt, die Darstellung der Internetpräsenz passt sich hier automatisch an die Anforderungen der mobilen Endgeräte an. Das Responsive Design stellt also sicher, dass alle Informationen für die Nutzer gut lesbar sind und dass die Bedienung über das Smartphone oder Tablet problemlos möglich und vor allem Nutzer freundlich ist.

Ob die Kanzlei sich neben der Website für ein Blog, einen Newsletter oder Aktivitäten in den Social Media entscheidet, hängt stark von verschiedenen Faktoren ab. Entscheidend sind unter anderem ihre Positionierung und die Zielgruppe. Hinzu kommt der nötige zeitliche Aufwand, der sich jedoch – zumindest in großen Teilen – ausgliedern lässt. Wie die Kanzlei ihre Kommunikation am besten organisiert, wird ein weiteres Essential zeigen.

Ebenfalls abhängig von den individuellen Anforderungen des Rechtsanwalts, Steuerberaters oder Wirtschaftsprüfers ist der Bedarf an digitaler Geschäftsausstattung oder digitalem Präsentationsmaterial. Denkbar sind hier digitale Vorlagen der ersten und zweiten Seite des Briefbogens sowie PowerPoint-Folien im Corporate Design. Versendet die Kanzlei auch Schriftstücke als PDF und will sie diese nicht immer zunächst ausdrucken und dann einscannen, sollte der Grafiker das Geschäftspapier auch in digitaler Form zur Verfügung stellen. An PowerPoint-Folien, mit Logo der Kanzlei und optisch auf deren Bedürfnisse abgestimmt, sollten Kanzleiinhaber oder Partner immer dann denken, wenn sie Vorträge halten oder vor Mandanten präsentieren. Sowohl die digitale Geschäftsausstattung als auch das digitale Präsentationsmaterial lassen sich jedoch auch zu einem späteren Zeitpunkt ergänzen, wenn die Kanzlei den Bedarf dafür feststellt.

Die Raumgestaltung

Gerade bei Kanzleien übernimmt auch die Raumgestaltung eine wichtige Aufgabe bei der Wahrnehmung durch die Mandanten. Denn Rechtsanwälte, Steuerberater und Wirtschaftsprüfer sind mit ihrem Leistungsangebot stark darauf angewiesen, dass ihre Bezugsgruppe ihnen Vertrauen entgegenbringt. Nur so gelingt es ihnen, Mandate zu gewinnen und zu halten. Hierbei kommt es nun auf die seriöse Wirkung einer Kanzlei an. Das heißt: Mandanten sollen sich in den Räumen sicher und mit ihrem Anliegen beim rechtlichen oder steuerlichen Vertreter gut aufgehoben fühlen. Einen wichtigen Beitrag dazu leistet die Raumgestaltung zum Beispiel durch die Farbwahl, die Einrichtung oder auch die Dekoration von Kunstwerken. Wie die Ausstattung der Büros und deren Gestaltung die gewünschte Außenwirkung einer Kanzlei gezielt unterstreichen kann, besprechen Kanzleiinhaber oder Partner am besten mit einem Innenarchitekten oder einer auf die Ausstattung von Kanzleien spezialisierten Künstlerin. Angst vor hohen Kosten sollte dabei erst einmal außen vor bleiben. So kann gerade der Einsatz von Kunstwerken in den Büroräumen günstiger werden, als oft angenommen, da es hierfür neben dem Kauf inzwischen auch interessante Optionen für die Bildermiete gibt. Der Effekt ist jedoch umso eindrucksvoller, da Räume auf diese Weise viel persönlicher wirken und damit die Corporate Identity einer Kanzlei eindrucksvoll unterstreichen können.

Interviews

3

Nachdem das Corporate Design Rechtsanwälten, Steuerberatern und Wirtschaftsprüfern umfangreiche Gestaltungs- und Darstellungsmöglichkeiten bietet, kommen nun zwei Expertinnen zu Wort. Diese schildern aus ihrer Erfahrung heraus, worauf es beim Corporate Design ankommt und was Kanzleiinhaber oder Partner im Blick behalten sollten.

3.1 Interview mit Andrea Rochlitz, YAND media

Andrea Rochlitz ist Inhaberin von YAND media in Berlin. Sie gestaltet als Grafik- und Webdesignerin die komplette Geschäftsausstattung für Kanzleien sowie für kleine und mittelgroße Unternehmen. Sie beherrscht die Programmierung von Websites in HTML/CSS. Außerdem bietet sie die technische Umsetzung mit Wordpress an.

www.yand.de

Frau Rochlitz, was würden Sie aus Ihrer Erfahrung heraus sagen: Welche Geschäftsausstattung – gedruckt oder digital – ist für Rechtsanwälte, Steuerberater und Wirtschaftsprüfer zwingend erforderlich? Wichtig ist erst einmal, dass sie ein Logo haben, das zu ihnen und ihrer Kanzlei passt und seriös wirkt. Dies ist ein entscheidender Teil der Corporate Identity. Es vermittelt einen ersten Eindruck nach außen und schafft einen hohen Wiedererkennungswert. Hinzu kommt das Firmenschild, das die Kanzlei an ihrem Standort überhaupt erst sichtbar werden lässt. Außerdem brauchen Rechtsanwälte, Steuerberater und Wirtschafts-

M. Schäfer, *Erfolgsfaktor Corporate Identity,* essentials,
DOI 10.1007/978-3-658-07986-4_3

prüfer meist einen Stempel, der ebenfalls zum Gesamterscheinungsbild passen sollte. Und natürlich gehören auch Visitenkarten, Briefbögen – auf Papier und in digitaler Form – sowie die Website dazu. Denn dies benötigen die Kanzleien für ihre Außendarstellung und den Kontakt zu Mandanten und solchen, die es werden sollen. Selbstverständlich sollte dabei sein, dass alles einheitlich gestaltet und im Corporate Design der Kanzlei gehalten ist.

Wichtig zu wissen ist aber, dass es natürlich je nach Größe der Kanzlei und abgestimmt auf ihre Zielgruppe große Spielräume bei der Geschäftsausstattung gibt. Das drückt sich selbstverständlich auch im Preis aus. So kann zum Beispiel für Kanzleigründer oft eine gut und ansprechend gestaltete Website in Form einer Visitenkarte im Internet erst einmal gute Dienste leisten, bevor sie sich eine größere und vielleicht aufwändig gestaltetere Internetpräsenz gönnen. Ein weiteres Beispiel ist die Wahl des Papiers für die Visitenkarte. Hier reicht die Auswahl von einfachen stabilen aber dennoch gut wirkenden Papiersorten bis hin zu solchen mit Prägung oder besonderen haptischen Eigenschaften. Das gleiche gilt natürlich für die Briefbögen, bei denen zudem noch die Möglichkeit besteht, diese zu digitalisieren und somit jeweils erst zusammen mit einem erstellten Dokument auszudrucken. Um die Vor- und Nachteile all dieser Optionen kennenzulernen und die richtige Entscheidung treffen zu können, lässt der Rechtsanwalt, Steuerberater oder Wirtschaftsprüfer sich am besten beim Grafiker und Webdesigner seines Vertrauens beraten.

Da ist ja schon einiges zusammengekommen, was zwingend zur Geschäftsausstattung gehört. Gibt es denn zusätzlich noch Dinge, die Sie als „Nice to have" bezeichnen würden? Sicher. Möglichkeiten für die perfekte Außendarstellung einer Kanzlei gibt es noch viele. Welche ein Rechtsanwalt, Steuerberater oder Wirtschaftsprüfer davon nutzen sollte, hängt natürlich immer auch von der Kanzleigröße, seiner Zielgruppe und auch von seinen geplanten oder durchgeführten Marketingmaßnahmen ab. Hier überlegt man am besten im Gespräch, was sinnvoll ist und sieht dann, welches Budget zur Verfügung steht bzw. welches für die gewünschte Geschäftsausstattung erforderlich wäre.

Ein Nice-to-have wäre in jedem Fall ein Flyer, in dem der Rechtsanwalt, Steuerberater oder Wirtschaftsprüfer sich, sein Team und seine Arbeitsweise vorstellt sowie die Schwerpunkte und Besonderheiten seiner Kanzlei benennt. Bei größeren Kanzleien würde sich hierfür eher eine Imagebroschüre anbieten. Auch Themenbroschüren zu den Tätigkeitsschwerpunkten können eine gute Ergänzung zur zwingend erforderlichen Geschäftsausstattung sein. Kanzleiinhaber oder Partner, die ihren Mandanten häufiger Unterlagen zusammenstellen und überreichen, präsentieren sich gut mit passend gestalteten Mappen und Deckblättern. Denkbar sind auch im Corporate Design gehaltene PowerPoint-Folien. Dies ist besonders dann interessant, wenn ein Rechtsanwalt, Steuerberater oder Wirtschaftsprüfer häufiger Vorträge oder Präsentationen außerhalb der Kanzlei hält. Auch zum Papier des Briefbogens passende Briefumschläge mit aufgedrucktem oder geprägtem Logo ergänzen die Geschäftsausstattung gut. Und schließlich bietet der Online-Marketingbereich viele Möglichkeiten für Nice-to-haves. Dazu zähle ich zum Beispiel einen Kanzlei-Newsletter, einen in die Website integrierten Blog – ein gutes Beispiel hierfür findet sich unter www.lawbster.de von Rechtsanwalt Sebastian Dramburg – oder auch eine Facebookseite sowie ein Twitterprofil der Kanzlei – natürliches alles in ihrem Corporate Design.

Worauf sollten Kanzleien denn aus Ihrer Expertensicht bei der Außendarstellung besonders achten? Oberste Priorität bei der Außendarstellung sollten Seriosität, Vertrauen und Glaubwürdigkeit genießen. Schließlich sind Rechtsanwälte, Steuerberater und Wirtschaftsprüfer in hochsensiblen Bereichen tätig. Das heißt, sie erhalten streng vertrauliche Information von ihren Mandanten. Und bevor Menschen oder Entscheider in Unternehmen entsprechende Daten weitergeben, wollen sie sicher sein, dass die Empfänger seriös sind und sie ihnen vertrauen können. Genau das muss die Außendarstellung einer Kanzlei in allen Facetten widerspiegeln.

Ein stimmiger Kanzleiauftritt leistet einen entscheidenden Beitrag zu einer seriösen und vertrauenswürdigen Außenwirkung. Dazu gehören, dass Corporate Identity und Corporate Design tatsächlich zur Kanzlei passen. Zudem sollte dabei auch eine wertige und gepflegte Geschäftsausstattung selbstverständlich sein. Und natürlich sollte sich das Corporate Design auf allen Teilen der Geschäftsausstattung in der gleichen Qualität wiederfinden. Denn unterschiedliche Stile zum Beispiel auf Briefbögen und Visitenkarten oder der Website können für einen zwiespältigen Eindruck sorgen. Wichtig ist außerdem: Wer sich für Social-Media-Aktivitäten entscheidet, sollte dann tatsächlich dort präsent sein. Denn brach liegende Profile hinterlassen schnell einen schlechten Eindruck, wodurch die Außendarstellung unnötig leidet.

Und welche Kriterien spielen konkret bei der Auswahl von Design und Geschäftsausstattung eine Rolle? Wichtig ist, dass die Qualität und die Wertigkeit die Firmenphilosophie widerspiegeln. Immerhin entscheidet fast immer der erste Eindruck über den weiteren Erfolg. Entsprechend hohe Maßstäbe sollte der Rechtsanwalt, Steuerberater oder Wirtschaftsprüfer an sein Corporate Design und die gesamte Geschäftsausstattung legen. Dazu gilt es immer, Zielgruppe und Ausrichtung einer Kanzlei im Blick zu behalten. So stellt sich zum Beispiel bei einer

Positionierung im oberen Segment nicht mehr die Frage, ob es der edle Karton für die Visitenkarten sein soll, hier ist dies einfach ein Muss. Bei Rechtsanwälten mit Schwerpunkt Internetrecht sollte dies für Social-Media-Aktivitäten gelten.

Neben Firmenphilosophie und Zielgruppe stellt aber auch die Persönlichkeit der Kanzlei, des Kanzleiinhabers oder der Partner ein bedeutendes Kriterium für das Design und die Geschäftsausstattung dar. Ein Aspekt kann hier die Farbwahl sein, ein weiterer Vorlieben mit Blick auf die Gestaltung von Websites. Wenn ich eine neue Internetpräsenz gestalten soll, bitte ich daher meine Kunden immer um folgendes: Nennen Sie mir drei verschiedene Websites, die Ihnen besonders gut gefallen sowie drei, die Ihnen gar nicht zusagen und sagen Sie mir, weshalb. So kann ich leichter die Persönlichkeit des Kunden bei der Gestaltung einfließen lassen. Schließlich soll alles rundum stimmig sein und die Kanzlei gut präsentieren. Widersprüche – egal welcher Art – würden den Gesamteindruck nur unnötig stören.

Beim Corporate Design ist ja durchaus einiges zu beachten, sodass Kanzleiinhaber gut beraten sind, sich dabei die Unterstützung eines Grafikers und Webdesigners zu holen. Wenn sie sich dafür entschieden haben: Wie läuft die Zusammenarbeit denn zwischen YAND media und einer Kanzlei ab? Ich biete potenziellen Kunden immer ein kostenloses Erstgespräch. Das heißt: In Berlin fahre ich zu ihnen in die Kanzlei, spreche mit ihnen und schaue mir die Räume an. So bekomme ich ein gutes Gefühl für die Person und die Atmosphäre vor Ort. Dadurch kann ich besser einschätzen, welches Design am besten zur Kanzlei passt – eher modern oder lieber klassisch – und ich sehe, welche Farbvorlieben bestehen. Außerdem erkennen der mögliche Kunde und ich, ob die Chemie zwischen uns stimmt. Das ist in meinen Augen ganz wichtig für die Zusammenarbeit und ein optimales Ergebnis, mit dem der Kanzleiinhaber oder die Partner sich lange wohlfühlen. Bei Kunden außerhalb Berlins gestaltet sich der Ablauf fast genauso, nur dass das kostenlose Erstgespräch dann telefonisch oder per Skype stattfindet. Leider fehlt hierbei der persönliche Eindruck der Kanzlei. Ein möglichst umfangreiches Bild mache ich mir dabei durch zusätzliche Fragen.

Das kostenlose Erstgespräch ist natürlich mehr als nur ein Kennenlernen. Denn im Gespräch ermittle ich gemeinsam mit dem Rechtsanwalt, Steuerberater oder Wirtschaftsprüfer seinen Bedarf. Schließlich sind die Anforderungen sehr unterschiedlich, je nach Größe der Kanzlei, oder je nachdem ob es sich um eine Kanzlei in Gründung oder eine bestehende handelt: So sind oft bereits Teile der Geschäftsausstattung vorhanden, die nun ergänzt werden sollen. Eine Website soll überarbeitet oder ganz neu erstellt werden. Die Kanzlei will in Social Media aktiv werden. Oder aber ein ganz neues Corporate Design ist gefragt. Wenn wir aus diesen und noch mehr Möglichkeiten herausgearbeitet haben, welcher Bedarf konkret besteht, erstelle ich ein Angebot. Und im Idealfall erhalte ich dann den Auftrag und mache mich an die Bearbeitung. Die Abstimmung mit der Kanzlei erfolgt meist telefonisch oder per E-Mail.

Wichtig ist mir dabei, dass der Kanzleiinhaber oder die Partner sich mit dem Design und der Geschäftsausstattung wohlfühlen. Denn nur dann überreicht er zum Beispiel seine Visitenkarten gerne und kann sie erfolgreich zum Aufbau von Kontakten und zur Mandantengewinnung nutzen. Und nur so wird er auch lange mit seinem Corporate Design und der Geschäftsausstattung zufrieden sein, was mehrere Vorteile bietet: Der Wiedererkennungseffekt wächst mit der Zeit, da sein Logo immer bekannter wird. Und er hält die Kosten niedrig, da bei Nachbestellungen nur Druckkosten aber keine weiteren Kosten fürs Design anfallen. Übrigens bin ich auch sehr an einer langfristigen Zusammenarbeit mit meinen Kunden interessiert. Denn so lernt man sich gegenseitig immer besser kennen, was den Abstimmungsaufwand stetig sinken lässt.

3.2 Interview mit Gabriele Hiller, ArtFiness

Gabriele Hiller ist Künstlerin und Inhaberin von ArtFiness in Michendorf bei Berlin. Sie berät Kanzleien und Unternehmen bei der künstlerischen Gestaltung ihrer Räume. Dazu vermietet sie ihnen Bilder über unterschiedliche Zeiträume oder fertigt Auftragsmalerei nach den Wünschen ihrer Kunden an. Außerdem organisiert sie Ausstellungen in den Kanzlei- und Büroräumen oder führt künstlerische Teamevents durch.

www.artfiness.de

Frau Hiller, Sie haben sich darauf spezialisiert, Büro- und Geschäftsräume mit Kunst auszustatten. Warum ist die Gestaltung der Räume in Ihren Augen so wichtig? Büroräume sind die dreidimensionale Visitenkarte eines Unternehmens. Sie prägen sehr stark den ersten Eindruck, den ein Besucher – und ganz besonders natürlich ein potenzieller neuer Mandant – von einer Kanzlei erhält. Das heißt, wenn wir Räume das erste Mal betreten, stellen sich die Fragen: Wie wirkt die Umgebung? Was wirkt da auf mich? Welche Atmosphäre spüre ich? Wie fühle ich mich? Vieles davon läuft im Unterbewusstsein ab, sodass wir dies gar nicht genau benennen können. Aber dennoch lösen die entstehenden Stimmungen eine Wirkung aus. Und gerade bei Rechtsanwälten, Steuerberatern und Wirtschaftsprüfern kommt es darauf an, Mandanten in eine positive Stimmung zu versetzen. Schließlich werden in den Kanzleien sehr private und persönliche Dinge besprochen. Die Mandanten können emotional sehr beansprucht sein und eine angenehme Atmosphäre in den Räumen kann dies auffangen. Sie trägt dazu bei, Vertrauen zu schaffen und sorgt dafür, dass die Mandanten sich wohl und gut aufgehoben fühlen.

Wichtig ist die Gestaltung der Kanzleiräume aber nicht nur für den positiven Eindruck auf Mandanten. Auch der Kanzleiinhaber oder die Partner sowie die Mitarbeiter profitieren von einer ansprechenden Stimmung in den Räumen. Immerhin verbringen sie jeden Tag sehr viel Zeit in ihren Büros. Den Einfluss, den die Arbeitsumgebung auf die Leistung hat, sollte daher niemand unterschätzen. Die farbliche Gestaltung der Räume und Wände im Zusammenspiel mit Kunst kann hier sehr viel bewirken. Und was ich immer wieder bemerke: Mitarbeiter registrieren derartige Bemühungen sehr genau und honorieren, wenn man ihren Arbeitsplatz angenehm gestaltet. So fühlen sie sich als Person wertgeschätzt. Auf diese Weise dient die Gestaltung der Kanzleiräume auch der Mitarbeiterbindung – etwas das heute in Zeiten des Fachkräftemangels gar nicht hoch genug bewertet werden kann. Werden Bilder, Fotografien oder Skulpturen ausgetauscht, kommen Mitarbeiter oft auch kurz zusammen und geben ihre Einschätzung dazu ab. Solche Interaktionen lockern dann nicht nur die Arbeit auf, sondern können sogar der Teamfindung dienen.

Das Kunstwerke tatsächlich auffallen belegt im Übrigen, dass Mandanten meiner Erfahrung nach zum Beispiel beim Auswechseln von Bildern den Rechtsanwalt, Steuerberater oder Wirtschaftsprüfer oft darauf ansprechen. Somit kann die Kunst in den Räumen also auch ein guter Einstieg ins Gespräch sein.

Von welcher Kunst oder welchen Gestaltungsmaßnahmen würden Sie als Expertin Kanzleien denn abraten? Oder: Was sind klassische No-Go's? Entscheidend ist immer, dass die gewählten Farben und die Kunstwerke zu den Räumen, zum Thema und natürlich auch zur Persönlichkeit des Kanzleiinhabers oder der Partner passen. Denn nur so ergibt sich ein stimmiges Bild und es entsteht eine positive Wirkung auf die Mandanten. Das heißt also: Die Gestaltung der Kanzleiräume muss die Corporate Identity widerspiegeln. Sie muss mit den Werten und dem Leitbild zusammenpassen und mit dem Schwerpunkt der Kanzlei harmonieren.

Generell rate ich von düsteren und unsauberen Farben ab. Diese wirken nur unnötig einer angenehmen, einladenden Atmosphäre entgegen. Vertrauen kann so nur schwer entstehen. Das gleiche gilt für politische Themen auf Kunstwerken, da diese nur allzu leicht missverstanden werden könnten. Richtig einordnen können diese Kunst oft nur Kunstkenner. Selbst wenn der Kanzleiinhaber oder die Partner wahre Kenner der Materie sind, so ist doch fraglich, ob dies auch für alle Mandanten zutrifft. Nur allzu leicht tappt die Kanzlei dann ungewollt in eine Falle und erzeugt Ablehnung. Dabei lässt sich dieses Risiko gut vermeiden, wenn die Wahl auf Kunst fällt, bei der klare und fröhlichen Farben im Vordergrund stehen.

Nun sind Kunstwerke ja oft ein durchaus teures Vergnügen. Und einmal gekauft, hängen immer dieselben Bilder an der Wand oder man sieht dieselben Skulpturen. Wie lässt sich dies vermeiden und die Kanzlei dennoch ansprechend gestalten? Zum einen gibt es Künstler, die gerne zeitlich begrenzt unter anderem in Kanzleien ausstellen. Sie erhoffen sich, unter den Mandanten Käufer für ihre Bilder zu finden. Zu solch einer Ausstellung gehört zu Beginn eine Vernissage, bei der die Eingeladenen Gelegenheit haben, die Bilder oder Skulpturen zu sehen. Für eine Kanzlei ist der Aufwand hierbei immer sehr hoch. So muss sich zunächst einmal jemand darum kümmern, einen Künstler für eine solche Ausstellung zu finden. Dann gilt es, die Bilder aufzuhängen. Die Vernissage muss organisiert und durchgeführt werden. Schließlich müssen alle Kunstwerke nach Ablauf der Zeit von den Wänden entfernt werden, wo dann oft die Nägel zurückbleiben und wo die Umrisse meist lange als hässliche Ränder erkennbar bleiben. Und nun beginnt derselbe Vorgang von neuem, wenn Mandanten, Kanzleiinhaber und Mitarbeiter nicht künftig auf leere Wände schauen sollen.

Eine zweite Möglichkeit, die Räume ansprechend mit Kunst auszustatten, ist, Bilder, Fotografien oder Skulpturen zu mieten. Positiv bei der Miete von Kunst ist, dass sie vom regelmäßigen Szenenwechsel lebt und der Experimentierfreude und dem Abwechslungsreichtum viel Freiraum gibt. Auch wirtschaftlich gibt es Vorteile: Als erstes ist die Miete erheblich günstiger als ein Kauf und schont somit ihre Liquidität. Außerdem lässt sie sich zu 100 % als Betriebsausgabe geltend machen. Beim Kauf eines Kunstwerks hängt es dagegen von dessen Preis ab, ob das Finanzamt dies als Betriebsvermögen anerkennt. Wichtig bei mehreren Partnern ist zudem, dass – anders als beim Kauf – die Kunstwerke nicht einem Besitzer zugeordnet sind, was bei einer möglichen Auflösung der Partnerschaft zu Schwierigkeiten führen könnte.

Mit welchem zeitlichen Aufwand muss die Kanzlei denn bei der Kunstmiete rechnen? Und wie sieht es mit Spuren an den Wänden beim Wechsel aus? Positiv bei der Miete von Kunst ist gerade, dass die Kanzlei so gut wie keinen zeitlichen Aufwand hat. Wie lange sich die Bilder, Fotografien oder Skulpturen in ihren Räumen befinden, regelt der Mietvertrag. Der Austausch erfolgt dann automatisch, ohne dass Kanzleiinhaber oder Partner aktiv werden müssen. Es bedarf nur wenig Zeit, die neuen Kunstwerke auszusuchen und im Laufe der Zeit bekomme ich als Kunstvermieterin ein Gefühl für den Geschmack meiner Kunden. Die Praxis zeigt denn auch, dass sie im Grunde nur am Anfang aus einer etwas größeren Auswahl an Kunstwerken aussuchen. Mit jedem Austausch wird die Auswahl schließlich kleiner, da sich die Vorlieben immer besser einschätzen lassen. Auf Wunsch stehe ich aber auch jenseits der regelmäßigen, sechsmonatigen Szenenwechsel für weitere Beratungen zur Verfügung. So bleiben meine Kunden flexibel und können eventuelle Umgestaltungswünsche unkompliziert umsetzen lassen.

Deshalb – und um flexibel in den Größen und Formaten der Kunstwerke zu sein sowie unschöne Spuren an den Wänden zu vermeiden – rate ich immer dazu, Galerieschienen in der Kanzlei anbringen zu lassen. So kann der Wechsel der Bilder oder Fotografien schnell und problemlos erfolgen.

Damit präsentiert sich die Kunstmiete ja tatsächlich als unkomplizierte Lösung für Kanzleien, die ihre Räume ansprechend mit Bildern, Fotografien oder Skulpturen gestalten wollen, ohne sich dauerhaft festzulegen. Wenn sie sich dabei für ArtFiness entscheiden – wie gestaltet sich dann der Ablauf? An erster Stelle steht bei mir immer der Besuch der Kanzlei. Ich spreche mit dem Kanzleiinhaber oder den Partnern und erfahre, welche Vorstellungen sie haben. Ich schaue mir die Räume an und verschaffe mir ein Gefühl für die Atmosphäre vor Ort. Wichtig sind hier zum Beispiel auch die Art der Möblierung, die Größe der Räume, die Wände und Farben. Außerdem präsentiere ich dem Kanzleiinhaber oder den Partnern im Erstgespräch eine Auswahl der Werke. So bekommen sie einen Eindruck vom Stil der Kunstwerke und können entscheiden, was ihnen besonders gefällt. Wenn sie wollen, können sie hieraus auch gleich die Bilder auswählen, mit denen sie ihre Kanzlei als erstes ausstatten möchten.

Hat sich eine Kanzlei für eine Zusammenarbeit entschieden, kommen zunächst die organisatorischen Vorbereitungen. Sind noch keine Galerieschienen vorhanden, werden diese zunächst bestellt und angebracht. Danach komme ich mit den Kunstwerken. Selbstverständlich bringe ich die Bilder und Fotografien an und platziere Skulpturen an den vorgesehenen Stellen. Eine Unterstützung durch die Kanzlei ist dabei nicht notwendig. Das gilt auch für den Austausch. In der Regel findet dieser jedes halbe Jahr statt. Hierzu vereinbare ich rechtzeitig einen Termin und wechsle die Kunstwerke. Auf Wunsch kann dieser Rhythmus auch verlängert oder verkürzt werden – oder ein einzelnen Bild bleibt länger in den Räumen oder wird früher ausgetauscht. Dabei gehe ich natürlich auf die Bedürfnisse der Kanzleiinhaber, Partner oder Mitarbeiter ein. Können sie sich einmal gar nicht von einem Bild trennen, ist es selbstverständlich auch möglich, das Bild schließlich zu kaufen.

Ein Bild kaufen ist ein gutes Stichwort. Denn ArtFiness steht für mehr als die Vermietung von Originalkunst. Welche weiteren Leistungen bieten Sie Kanzleien an? Ich organisiere Kunstausstellungen, biete Auftragsmalerei und gestalte künstlerische Mitarbeiterevents. Wenn die Kanzlei zum Beispiel ein Jubiläum, ein Fachthema oder einen anderen schönen Anlass durch eine Ausstellung in ihren Räumen begleitet haben möchte, organisiere ich für sie ihre individuelle Kunstausstellung und gebe ihrer Veranstaltung damit einen farbenfrohen und hochwertigen Rahmen. Bei der Auftragsmalerei gestalte ich das Bild nach den Vorgaben der Kanzlei. Darin lassen sich zum Beispiel auch das Logo und die Kanzleifarben verarbeiten.

Bei den künstlerischen Mitarbeiterevents dagegen werden die Mitarbeiter der Kanzlei – und gerne auch der Inhaber oder die Partner – aktiv. Hierbei gestalten sie mit meiner Hilfe ein eigenes Kunstwerk für die Kanzlei. In welchem Rahmen dies stattfinden kann, stimme ich dazu natürlich vorher mit dem Kanzleiinhaber oder den Partnern ab. Ein solches Event eignet sich in jedem Fall gut als Teambuilding-Maßnahme. Oder es schafft Abwechslung mit Blick auf die üblichen Weihnachtsfeiern. Und das Schöne daran ist: Das Ergebnis sehen alle regelmäßig bei der Arbeit – als schöne Erinnerung und Motivation.

Was Sie aus diesem Essential mitnehmen können

- Der härter werdende Wettbewerb zwingt Rechtsanwälte, Steuerberater und Wirtschaftsprüfer an ihrer starken Corporate Identity zu arbeiten, wenn sie wirtschaftlichen Erfolg haben und gute Mitarbeiter finden und binden wollen.
- Die Corporate Identity ist ein ganzheitliches Konzept, das sechs Elemente beinhaltet, die im Zusammenspiel für den Erfolg der Kanzlei sorgen.
- Das Fundament einer starken Corporate Identity bilden die Kultur der Kanzlei (Corporate Culture), das Image und das Leitbild. Hier hinein spielen das Verhalten innerhalb der Kanzlei und gegenüber der Umwelt (Corporate Behavior), die Werte sowie die Eigen- und Fremdwahrnehmung.
- Das Corporate Design ist Teil der Corporate Identity und steht für das visuelle Erscheinungsbild der Kanzlei. Unter ihrem Dach bieten sich zahlreiche Gestaltungs- und Darstellungsmöglichkeiten sowohl gedruckt, digital als auch bei der Raumausstattung.
- Interviews mit zwei Expertinnen für Grafik und Webdesign bzw. die Ausstattung der Büroräume mit Kunstwerken.

M. Schäfer, *Erfolgsfaktor Corporate Identity,* essentials,
DOI 10.1007/978-3-658-07986-4

„Zum Weiterlesen"

Beyrow, M., Kiedaisch, P., & Daldrop, N. W. (Hrsg.). (2013). *Corporate Identity & Corporate Design*. Ludwigsburg: Avedition.

Herbst, D. (2009). *Das professionelle 1 × 1 Corporate Identity*. Berlin: Cornelsen.

Herbst, D. (2012). *Marketingkompetenz: Corporate Identity: Aufbau einer einzigartigen Unternehmensidentität*. Berlin: Cornelsen.

Kiessling, W., & Babel, F. (2010). *Corporate Identity: Strategie nachhaltiger Unternehmensführung*. Augsburg: ZIEL.

Weinberger, A. (2010). *Corporate Identity*. München: Stiebner.

M. Schäfer, *Erfolgsfaktor Corporate Identity,* essentials,
DOI 10.1007/978-3-658-07986-4